VENTE

Du Lundi 6 Avril 1914

HOTEL DROUOT, SALLE N° 10

A DEUX HEURES

EXPOSITION PUBLIQUE

Le Dimanche 5 Avril 1914

De deux heures à six heures

TABLEAUX ANCIENS ET MODERNES

Dessins, Gravures

MEUBLES

Bronzes, Bois sculptés, Pierres

MARBRES

APPARTENANT A M. X...

ET PROVENANT DE

La Collection de Madame Veuve LAURENT

Artiste Peintre

COMMISSAIRE-PRISEUR

Me GEORGES TIXIER

45, rue de la Chaussée-d'Antin

EXPERT

M. MAX BINE

17, rue Victor-Massé

CATALOGUE

DES

Tableaux Anciens et Modernes

DESSINS, GRAVURES

MEUBLES

Bronzes, Bois sculptés, Pierres

MARBRES

APPARTENANT A M. X...

ET PROVENANT DE

La Collection de Madame Veuve LAURENT

Artiste peintre

DONT LA VENTE AUX ENCHÈRES PUBLIQUES AURA LIEU

HOTEL DROUOT, SALLE N° 10

LE LUNDI 6 AVRIL 1914

A 2 heures

COMMISSAIRE-PRISEUR   EXPERT

Mᵉ GEORGES TIXIER   **M. MAX BINE**

45, rue de la Chaussée-d'Antin   17, rue Victor-Massé

EXPOSITION PUBLIQUE

Le Dimanche 5 Avril 1914, de 2 heures à 6 heures

CONDITIONS DE LA VENTE

Elle sera faite au comptant.

Les adjudicataires paieront *dix pour cent* en sus des enchères.

Paris. — Imp. de l'Art, CH. BERGER, 41, rue de la Victoire.

DÉSIGNATION

TABLEAUX

LAURENT (Henri)

1 — *La Pêche des moules.*
>Toile. Haut., 57 cent.; larg., 35 cent.

2 — *Coucher de soleil.*
>Toile. Haut., 65 cent.; larg., 5o cent.

3 — *Étude de Femme nue.*
>Toile. Haut., 5r cent.; larg., 38 cent.

4 — *Groupe d'arbres.*
>Toile. Haut., 47 cent.; larg., 64 cent.

5 — *Groupe d'arbres.*
>Toile. Haut., 65 cent.; larg., 55 cent.

6 — *Marine.*
>Toile. Haut., 56 cent.; larg., 34 cent.

7 — *Marine.*
>Toile. Haut., 57 cent.; larg., 3o cent.

8 — *Paysage.*
>Toile. Haut., 5o cent.; larg., 3o cent.

LAURENT (Henri)

9 — *Paysage.*
>   Toile. Haut., 55 cent.; iarg., 34 cent.

10 — *Paysage.*
>   Toile. Haut., 51 cent ; larg., 3o cent.

11 — *Paysage.*
>   Panneau. Haut., 27 cent.; larg., 35 cent.

12 — *Porte d'une Eglise.*
>   Toile. Haut., 65 cent.; larg., 55 cent.

13 — *Prairie.*
>   Toile. Haut., 65 cent.; larg., 5o cent.

14 — *Saules.*
>   Toile. Haut., 65 cent.; larg., 5o cent.

15 — *Saules.*
>   Pendant du précédent.

16 — *Sous-bois.*
>   Toile. Haut., 65 cent.; larg., 5o cent.

17 — *Vaches au repos.*
>   Toile. Haut., 32 cent.; larg., 24 cent.

18 — *Vache dans une prairie.*
>   Toile. Haut., 32 cent.; larg., 40 cent.

19 — *Vision.*
>   Toile. Haut., 40 cent., larg., 32 cent.

LAURENT-DESROUSSEAUX (Henri)

20 — Quatre eaux-fortes.

21 — Cinq dessins divers.

22 — *Fillette assise.*
Crayon.

23 — *La Chaumière.*
Dessin.

24 — *Paysage.*
Dessin.

25 — *Paysage.*
Dessin.

26 — *Vieille Femme.*
Dessin.

27 — *Vieille Maison.*
Dessin.

28 — *Au feu.*
Toile. Haut., 1 m. 50 cent.; larg., 1 m. 05 cent.

29 — *Intérieur d'Eglise.*
Toile. Haut. 1 m. 30 cent.; larg., 1 mètre.

30 — *Intérieur d'une Chapelle.*
Toile. Haut., 1 m. 15 cent.; larg., 1 mètre.

31 — *La Distribution de la soupe.*
Toile. Haut., 90 cent.; larg., 70 cent.

32 — *La Charette.*
Toile. Haut., 90 cent ; larg., 65 cent.

LAURENT-DESROUSSEAUX (Henri)

33 — *Le Château.*

> Tolle. Haut., 60 cent.; larg., 80 cent.

34 — *La Leçon de dentelle.*

> Toile. Haut., 1 m. 65 cent.; larg., 55 cent.

35 — *Le Vieux Moulin.*

> Panneau. Haut., 45 cent.; larg , 35 cent.

36 — *L'Oie effrayée.*

> Toile. Haut., 95 cent.; larg., 75 cent.

37 — *Les Derniers sacrements.*

> Toile. Haut., 1 m. 55 cent.; larg., 1 m. 15 cent.

38 — *Rochers.*

> Toile. Haut., 1 mètre ; larg., 75 cent.

39 — *Sous-bois.*

> Haut., 1 mètre ; larg., 75 cent.

40 — *Sous-bois.*

> Deux toiles formant pendants.
> Haut., 1 m. 50 cent.; larg., 80 cent.

41 — *Sous-bois.*

> Toile. Haut., 65 cent.; larg., 55 cent.

42 — *Une Bergerie.*

> Totle. Haut., 1 m. 40 cent.; larg.. 95 cent.

43 — *Femme et Fillette appuyées sur un rempart.*

> Toile. Haut., 42 cent.; larg., 22 cent.

BEAUCÉ

44 — *Moutons et Poules.*

   Toile.

BLOEMEN (Van)

45 — *Chevaux à l'Abreuvoir.*

   Toile signée et datée : *1697.* Cadre en bois sculpté doré.

DESPORTES (Attribué à). xviiie siècle

46 — *La Chasse à l'autruche.*

   Toile. Haut., 98 cent.; larg., 79 cent.

47 — *La Chasse à l'ours.*

   Toile. Pendant au précédent.

DUPRÉ (Victor)

48 — *Paysage.*

   Panneau. Signé en bas à gauche et daté : *1857.*

   Haut,, 26 cent.; larg., 20 ceut.

GIMÉNO

49 — *Le Départ aux champs.*

   Toile.

50 — *La Chute du picador.*

   Toile.

HARDON

51 — *Sous bois.*
>> Panneau. Signé et daté : *1871.*
>>> Haut., 80 cent.; larg., 32 cent.

JOULiN (L.)

52 — *Effet de neige.*
>> Toile. Haut., 45 cent.; larg., 25 cent.

53 — *Fleurs.*
>> Toile. Haut., 45 cent.; larg., 32 cent.

54 — *Fleurs et Pêches.*
>> Toile. Haut., 90 cent.; larg., 70 cent.

55 — *Paysage.*
>> Toile. Haut., 1 m. 40 cent.; larg., 30 cent.

MERME (Ch.), 1853

56 — *Paysage.*
>> Panneau. Haut., 33 cent.; larg,, 24 cent.

RENOUARD (P.)

57 — *La Leçon de danse.*
>> Crayon et lavis.

ZIEM (Félix)

58 — *La Chute d'un bolide.*
>> Panneau. Sigué à droite.
>>> Haut., 27 cent.; larg., 39 cent.

DEVÉRIA (A.)

59 — *Portrait d'une Jeune Femme.*
Toile. Signée et datée : *1820.*
Haut., 35 cent. 1/2 ; larg., 26 cent. 1/2.

COROT (Attribué à)

60 — *Marine.*
Toile. Haut,. 16 cent.; larg., 26 cent. 1/2.

TROYON (C.)

61 — *Marine.*
Toile. Haut., 22 cent. 1/2; larg., 35 cent.

LECOQ (L.-P.)

62 — *Vue de Chinon.*
Toile. Haut., 19 cent.; larg., 24 cent.

BERTIN

63 — *Paysage.*
Toile. Haut., 26 cent.; larg., 37 cent. 1/2.

ÉCOLE ESPAGNOLE

64 — *Saint Jean l'Évangéliste.*
Toile. Haut., 53 cent.; larg., 41 cent.

65 — *Le Baiser de Judas.* (Primitif.)
Panneau. Haut., 49 cent.; larg., 39 cent.

66 — *Portrait de Femme.*
Toile. Haut., 71 cent.; larg., 50 cent.

ÉCOLE FRANÇAISE (xviiie siècle)

67 — *Enfants dansant dans un parc.*
Dessus de porte.
Toile. Haut., 81 cent.; larg., 1 m. 09 cent.

68 — *La Chasse au tigre.*
Toile. Haut., 84 cent.; larg., 1 m. 47 cent.

69-70 — *Deux Natures mortes.*
Panneaux décoratifs formant pendants.
Toiles. Haut., 1 m. 25 cent.; larg., 82 cent.
Cadre en bois sculpté.

71-72 — *Deux Natures mortes.*
Panneaux décoratifs formant pendants.
Toiles. Haut., 1 m. 44 cent.; larg., 80 cent.

73 — *Portrait d'Enfant.*
Pastel forme ovale. Cadre en bois doré.

74 — *Portrait de Femme.*
Pastel. Cadre en bois doré.
Haut., 60 cent.; larg., 47 cent.

75 — *Portrait de Jeune Femme.*
Cadre forme ovale en bois sculpté doré.

76 — *Portrait de Jeune Femme.*
Toile. Haut., 65 cent.; larg., 80 cent.
Cadre en bois.

ÉCOLE FRANÇAISE (Début du xixe siècle)

77 — *Paysage sous la neige.*
Peinture.

ÉCOLES FLAMANDE ET HOLLANDAISE

78 — *Intérieur avec personnages.*

> Toile. Haut., 66 cent.; larg., 82 cent,

79 — *L'Incendie de la chaumière.*

> Panneau. Haut., 22 cent.; larg., 19 cent.

80 — *Paysage avec personnages.*

> Toile. Haut., 90 cent.; larg., 1 m. 05 cent.

81 — *Paysage et personnages.*

> Panneau. Haut., 26 cent.; larg., 34 cent.

82 — *Portrait de Femme.*

> Panneau. Haut., 20 cent.; larg., 16 cent.
Cadre en bois et écaille.

ÉCOLE ITALIENNE

83 — *La Vierge tenant l'Enfant Jésus.*

> Panneau. Haut., 45 cent.; larg., 57 cent.

84 — *Vierge et Enfant.*

> Peinture sur fond doré à fleurs.
Panneau. Haut., 85 cent.; larg., 62 cent.

ÉCOLE ITALIENNE (xviiᵉ siècle)

85 — *Intérieur de l'Arche de Noé.*

> Toile. Haut., 37 cent.; larg., 48 cent.

86 — *Joueur de guitare.*

> Toile. Haut., 22 cent.; larg., 32 cent.

ÉCOLE ITALIENNE (xviie siècle)

87 — *La Vierge et l'Enfant.*

Peinture.

88 — *Personnage de la Comédie italienne.*

Panneau. Haut., 35 cent.; larg., 18 cent.

89 — *Scène biblique.*

Toile. Haut., 1 m. 29 cent.; larg., 59 cent.

90 — *Scène biblique.*

Dessin à la pierre noire et sanguine.

ÉCOLE MODERNE

91 — Quatre eaux-fortes et lithographiques, d'a-
près Harpignies, J. Dupré, etc.

92 — *Le Retour des champs.*

Toile. Haut., 1 m. 40 cent.; larg., 95 cent.

PIERRES ET BOIS SCULPTÉS
MEUBLES, FAIENCES
ET OBJETS DIVERS

93 — Vierge en faïence.

94 — Vierge et enfant en bois sculpté. xve siècle.

95 — Socle en marbre.

96 — Panneau en bois sculpté. Époque Louis XV.

97 — Croix en fer forgé. Travail allemand du
xvie siècle.

98 — Potence en fer forgé.

99 — Rouet.

100 — Chaudron en cuivre.

101 — Coupe en faïence vernissée.

102 — Pot en faïence vernissée.

103 — Deux statuettes en faïence.

104 — Bouilloire en cuivre rouge.

105 — Vielle marquetée.

106 — Pleureuse. Tête en bois sculpté.

107 — Vierge et enfant. Groupe en bois sculpté.

108 — Épée main-gauche.

109 — Casque en fer mézail, à bec de moineau.

110 — Bouteille porcelaine, décor polychromé.

111 — La Mort de la Vierge. Groupe gothique en marbre, traces de polychromie.

112-113 — Onze morceaux d'étoffe, soie brochée.

114 à 118 — Cinq plats en porcelaine de Chine.

119 — Cadre Empire, doré.

120 — Cadre en bois noir.

121 — Petite table ovale avec marqueterie.

122 — Guéridon rond à bascule, acajou.

123 — Deux chandeliers en bronze.

124 — Deux chandeliers en bronze.

125 — Vierge et enfant. Groupe en pierre. Fin du XV⁰ siècle.

126 — Saint Joseph et l'Enfant Jésus. Groupe
en pierre. XVIIe siècle.

127 — Statue en bois sculpté. XVIe siècle.

128 — Tête de Christ en pierre sculptée.

129 — Statue en pierre : Saint tenant un livre à
la main. XVIe siècle.

130 — Deux têtes d'anges. Bas-relief en pierre.
XVIe siècle.

131 — Deux anges en pierre sculptée. XVIe siècle.

132 — Statue en bois sculpté : Saint Jean. XVIIe
siècle.

133 — Grand coffre en bois sculpté.

134 — Petite statuette en pierre.

135 — Objets omis.

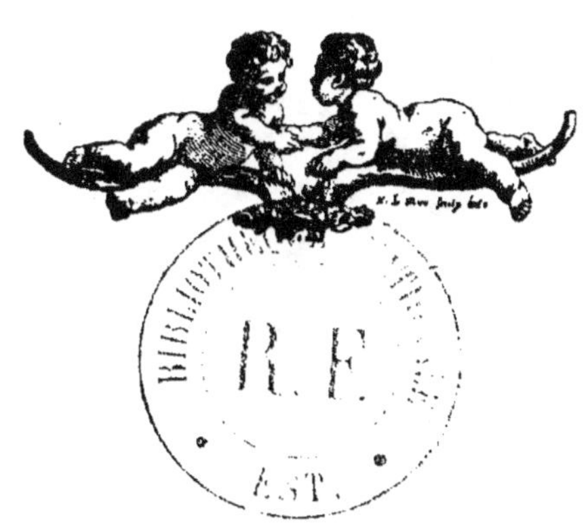